Vers d'Univers Musical

Jean-Michel Boiteux

Vers

d'univers

musical

© 2022, Jean-Michel Boiteux
Tous droits réservés
Édition : BoD – Books on Demand,
12/14 rond-point des Champs-Élysées, 75008 Paris
Impression : BoD - Books on Demand, Norderstedt, Allemagne

Illustration de la couverture : Anne-France Badaoui
Crédit images : © Canva.com

ISBN : 978-2-3224-1294-5
Dépôt légal : Mai 2022

« *Le seul lieu où le « succès » précède le « travail » est le dictionnaire.* »

Vidal Sassoon

Chef-d'œuvre

Dans un premier temps, échafaudez pour édifier l'œuvre,
Charpentez l'ossature, érigez-vous en maître d'œuvre.
Rédigez les paroles sans omettre une touche perso.
Composez les arrangements rythmiques, comme un maestro.

Dans un second temps, faites accorder les violons,
Mélodie, harmonie, puis ciselez au diapason.
Accouchez votre chef-d'œuvre et votre bébé prend vie.
Dans un dernier temps, imaginez la chorégraphie.

Préface

Pourquoi je vis ? C'est la question que se pose un jeune écrivain après avoir passé la cinquantaine…

La vie l'a boxé mais il s'est relevé : en alchimiste, il a transformé ses maux en mots.
Il a tricoté ses malheurs avec les sons des mots qui venaient de plus en plus chanter dans sa tête… Et les mots l'ont fait naître à une nouvelle vie : une vie d'artiste, une vie d'art et de discipline, de travail d'artisan des mots, d'artiste des sentiments…
Son cœur s'est ouvert à l'amour du monde… il en témoigne avec grâce, humour, légèreté et profondeur. Son lyrisme est humble, déjanté, voire époustouflant ! Ses propos sont intimistes, engagés, et même osés !
Jean-Michel est un Homme accompli : fils, frère, père, modeste employé dans une entreprise et artiste des mots et de la Vie !

C'est pourquoi Jean-Michel Boiteux écrit.

Intro.

L'écriture est devenue ma passion depuis peu. J'aimerais bien en faire mon métier mais il ne nourrit point, ou si peu d'écrivains. Il faut avoir de la notoriété pour vendre beaucoup. Le nombre de livres édités est croissant depuis l'arrivée du numérique et de l'autoédition. C'est si simple aujourd'hui que quelques formations sur le net suffisent à faire de vous un écrivain. Un bon écrivain, c'est les lecteurs qui le feront. Pas d'intermédiaire pour vous juger. Mais pour avoir des lecteurs, il faut oser s'afficher sur les réseaux sociaux et que le bouche-à-oreille fonctionne.

Ce que j'aime dans l'écriture c'est qu'elle me transporte dans un autre lieu, dans un autre monde. Ou bien qu'elle me fasse dégorger mes tripes. Ça c'est mon trip. Notamment quand les mots s'entrechoquent dans mes pensées et qu'ils affluent à profusions, que mes rimes s'emmêlent et qu'elles tirent le meilleur de moi-même. J'affectionne tout particulièrement les jeux de mots et l'humour pour faire passer quelques idées auxquelles je tiens. Mais parfois je rentre dans le lard, dans le vif du sujet, sans préambule tellement l'histoire me submerge. Peut-être un manque d'élégance, et qu'une enfance douloureuse et une adolescence tumultueuse en soient la cause. Bref, je n'y vais pas de main morte comme on dit.

Et dans tout ça, l'amour ? Au détour d'un vers, entre deux-lignes, subtil ou pas, je parle d'amour de-ci, de-là, et de sexe aussi, voire surtout de sexe.

Bonne lecture.

Vers d'univers musical

Trame musicale

Thème n°1 – L'écrivain parolier

Thème n°2 – Pensées par écrit

Thème n°3 – La musique est un cri qui vient de l'intérieur

Thème n°4 – Allez chantez, chantez mes chansons

Thème n°5 – Le chanteur enchanté

Thème n°6 – Eh bien, dansez maintenant

Thème n°7 – Quand la fin sonne le glas

Thème n° 1

L'écrivain parolier

« Écrivain de tes pensées
Écrits vains restent oubliés
Écris « vingt » en comptant bien
Et crie « vin » mais ne bois rien »

Le prix vint, il fut payé
Il me convint d'essayer
Quand il devint à ses heures
Devin parmi les auteurs

Je me convaincs que c'est l'heure
J'écris vingt sans aucun leurre
Ainsi je vaincs aujourd'hui
Et sans vin divin la nuit

1. Mes chers

Je coupe le dessein
Des gens aux travers sains
Me traversant de mots
Qui cachent bien leurs maux

Je coupe à travers chants
Des vers les plus tranchants
Je coupe dans le vif
Mes chers, titre incisif

Je coupe la parole
Des chansons des idoles
À leur couper le souffle
Tellement ça sent le soufre

Je coupe dans les airs
Les musiques légères
C'est comme ça que je vis
Comme ça que je survis

Je pose et pèse le verbe
Dans mes proses, mes proverbes
Les pigments de la vie
Pimentent mes écrits

Quand mes chansons suscitent
Aux gens que larmes fuitent
J'embaume l'univers
Des vents de Gulliver

Et coupe le bois mort
Que je brule d'abord
Pour réchauffer Prévert
En relisant ses vers

2. Auteur à mes heures perdues

Je suis un auteur à mes heures perdues
À la hauteur de mon labeur ardu
J'écris de tout mon cœur, toute mon âme
Sur les affres des hommes et des femmes

J'écris sur l'amour, sur le bien, le mal
Pour me réchauffer d'un besoin vital
Et soulager mes glandes lacrymales
Des images noires du monde redoutable

J'écris sur l'homme en général monsieur
Je crie sur l'homme qui se joue du bon Dieu
J'écris du bien qu'il est bien mieux sans mal
Je sais que le bien nous irait bien, mâles

J'écris sur les femmes, elles le valent bien
Je suis une femme, le voulez-vous bien
Au fond de moi voyez, je vous ressens
Ce que vous choyez est l'être vivant

J'écris sur les hommes qui se prennent pour Dieu
Je crie sur les hommes qui sont si odieux
J'écris sur moi-même et sur tous les mâles
Que nous soyons forts, bêtes, ou porcs sales

Je vous aime mesdames à me fendre l'âme
Je vous aime messieurs quand vous prenez femme
Pour reine et déesse, d'amour, de caresses
Lorsque vous sublimez sa joliesse

J'écris la vie que je chéris, chérie
Je vis la mienne quand elle me sourit
Comme un arc-en-ciel qui colore mon cœur
Ô combien si vous saviez, de douceurs

3. Mon portrait

Je pourrais brosser mes nuits chaudes
Je ne vous dis pas le tableau
Cela me prendrait jusqu'à l'aube
En seulement deux coups de pinceau

Purement quelques traits de ma vie
Afin de rayer mon passé
Du moins celui le plus joli
Celui où ma vie s'est cassée

Mais tout cela prendrait des plombes
Et ça n'en vaudrait pas la peine
C'est les peintures de tout le monde
Elles découlent toutes du même thème

La vie, la mort sont des reflets
Où même notre âme se perd un peu
La vie est une large plaie
Où la mort se plait quand il pleut

Cette belle aquarelle
Fresque fantasmatique
Presque vraie, irréelle
Semblerait authentique

Mais serait une querelle
Autobiographique
À l'écriture rebelle
Un rien acrobatique

Mon portrait tout craché
À l'encre de mes veines
Au caractère mâché
De gouache sur ma haine

Voilà donc le tableau
Qu'il me faudrait écrire
Alors même que mes maux
Ne pourraient pas se lire

4. Rêveur forever

Le jour se lève d'incertitudes
Mon rêve se dissimule, s'élude
J'ai faim, mon petit déj' m'attend
Je prie, et si le ciel m'entend

Alors tout est permis je sens
Le ciel s'ouvrir en soulevant
Le vent pour gagner l'altitude
Voulue pour voler l'habitude

Voleur de rêves la nuit s'achève
Pour la victime qui se lève
Mais voleur en plein ciel forever
Me laissera toujours rêveur

Cache ton rêve au dream-catcher
Au faucheur de songes tricheur
Voleur en plein ciel c'est super
De pouvoir planer en plein air

Je suis rêveur enjoliveur
Je fais des faux rêves forever
Je peins les mots comme solitude
En fondue aux couleurs du sud

Ma vie s'emplit de plénitude
Sous les plus belles latitudes
Quand mon cœur rêveur forever
Déploie ses ailes et vole over

5. Rêve d'égo

Les cons sonnent l'accent grave aux voyelles en grève
Une voyelle voyeuse circonflexe mon rêve
S'éprend d'une consonne qui sonne, sonne faux
D'un aigu frappant à la porte de mon égo

Mon réveil sonne tôt pour un jour de repos
Mais déjà mes amis synapses du cerveau
Flamboient de mille émois lorsque j'ouvre les yeux
Mais mes os craquent d'eau et ne peuvent jouer leurs jeux

Il me faut employer ici les grands moyens
Si je veux faire ployer mes mots sous le chagrin
Alors pour commencer une belle journée
Je dois boire un café pour bien me réchauffer

Pour bien me réveiller afin que mes paroles
Soient à peu près sensées, lancées d'une parabole
J'étire mes guiboles et je déploie mes ailes
Je bois une gorgée, m'arrache une plume d'aile

Je suis prêt à coucher mes larmes sur le papier
Qu'elles touchent vos joues sorties de l'encrier
Et le bonheur de vous savoir pleurer les vôtres
Rengorgera sans égal l'égo de son hôte

6. Enfermé dehors

Oui mytho je le suis au mitard à mi-temps
Mais très tôt je me lève en pleine forme tout le temps
Pour dresser mes cafards enfermés à perpète
Devant un bon café, pas du jus de chaussette
Et devant mon écran, les mots crient à tue-tête

La journée c'est le pied, le paradis
Tombant critique dans la philosophie
Lorsque je m'assieds sur l'acier trempé
Des bancs publics en train de détremper

Mes mots crient les moqueries des gens, les insultes
C'est une plaie sur le monde, ce sont des mots d'incultes
La bêtise est humaine et j'en suis le reflet
Je manque d'esprit quand je crie dans mes pamphlets
Ô Saint-Esprit, je n'ai d'yeux que pour toi tu sais

Je dessine mes maux par des mots tôt
Le matin, je martèle tel un marteau
Je distille des mots tard au plus haut
Je matte l'idéal des idéaux

Afin que mon vers marche il lui manquait deux pieds
Et comme le millepatte, il est très mal chaussé
Alors pour traverser ce poème d'écrivain
Je trinque en vers à pieds de rimes cherchant la fin
Je me saoule en vers et contre tous mais en vain

Aimer ces airs, ces arts, césure pas sûr
Aimer ces âmes désarme mon armure
Enfermé dehors je ne sais qu'attendre
Tout vient à point pour qui se fait entendre

Lorsqu'une vieille branche tenant par la queue une bonne poire
Qui, pourrie, se laissant choir dans son désespoir
Me suppliant de ne pas la laisser aux vers
Serein, j'assieds mon histoire de mon savoir-faire
En la croquant poétiquement de mes vers

Je sculpte ses traits par des adjectifs
J'occulte d'un trait les très négatifs
Le verbe est en bouche et s'écrie de joie
Réverbe la touche au son de ma voix

7. Baobulle

Perché dans mon baobulle,
Dans mon arbre j'écris des bulles.
C'est un baobab à bulles
Où j'exprime quand je bulle
Mes souvenirs noctambules.

Dans mon baobab à bulles
Quand mon cœur en préambule,
Un peu comme un somnambule
Plongé dans sa bulle, bulle,
Je m'exprime avec des bulles.

8. D'états d'âme

Je jette l'ancre en vagues de papier
Et déverse l'encre en vagues de larmes
Mon vague à l'âme divague à perdre pied
L'amer ressac sonne vague alarme

Je suis un aspirateur d'émotions
Que je restitue au mieux çà et là
Selon mon cœur et mon inspiration
Quand mes états d'âme vont coucicouça

Je ne sais encore à quelle vie j'aspire
Mais ce que je vois des autres m'inspire
Jusqu'à ce que mon temps de vie expire
Et m'évapore dans mon dernier soupir

Je voguerai sur les flots de mes larmes
Surfant sur une cascade de maux
Là même où j'ai fait mes premières armes
Noyant entre deux eaux mes jeux de mots

9. Suer des pieds

Il écrit d'une patte éthique
Pour ne choquer aucunement
Ces quelques propos pathétiques
Font larmoyer les braves gens

Et de sa langue et de ses doigts
Il fait jaillir de votre abime
De votre esprit tous vos émois
Pénétrant vos secrets intimes

Et quand bien même cela vous sied
Ça le fait suer des pieds fluides
Afin que de la tête aux pieds
Vibre votre âme aux mots humides

Souvent il voit la vie en prose
Quand l'aphone devient phonétique
Mais la vie n'est pas toujours rose
Son iPhone n'est plus poétique

Sur son écran de pied en pied
Ses vers marchant de rime en rime
Il accuse de vérité
Par la verve dont il s'exprime

Et quand bien même cela vous sied
Ça le fait suer des pieds acides
Axant l'accent sans l'accentuer
Sur la longueur d'une langue bifide

10. Avec mon ventre à la Prévert

Avec mon ventre à la Prévert
Je dirais à tous les pervers
De notre langue chère à Molière :
C'est la plus belle de l'univers

Oh j'aimerais leur tirer la langue
Comme certains tirent les vers du nez
Aux vilains zigotos d'un gang
Pour au plus vite les condamner

Car dans ce monde connecté
Combien sont seuls devant leur télé
Leur portable ou bien leur pc
À n'oser sortir s'exprimer

À force de se regarder
À s'astiquer, s'toucher l'nombril
Ils en oublient qu'au bout d'leur nez
Cool la vie, coule bien tranquille

Des jours heureux, des jours pluvieux
De radieux à ennuyeux
Où ils pourront si Dieu le veut
Clamer leurs peines, leurs joies, leurs vœux

Ils apprendront que des humains
Les mots même les plus belliqueux
Sortant des bouches ou même des mains
Ne briseront les amoureux

Les fanas, les vrais passionnés
De jeux de mots, de calembours
De proses ou de poèmes chantés
À l'endroit ou vers à rebours

11. Au Montparnasse

Je ne suis pas Verlaine
Pour cultiver sa peine
Si bête à en rougir
Si beau à en mourir
Pour me sentir en veine

Je ne suis pas Baudelaire
Pour semer sa misère
Et boire dans tous ses vers
Tous les maux de la Terre
Je fuis son univers

Je rime au Montparnasse
Parmi les habitués
Je trime au temps qui passe
Je cultive mes pensées

J'aime trop Apollinaire
Pour lui tirer les vers
De son système solaire
Pour ça il a du flair
L'amoureux solitaire

Je ne suis pas Rimbaud
Pour couper le rainbow
De toutes ses couleurs
Avec mes maux de cœur
I'm over the Rimbaud

Je rime au Montparnasse
Je m'y suis habitué
Aïe, ce crime dans la glace
S'exprime, quelle idée !

12. Sans ami

J'avais besoin d'amis
Je n'en veux plus, tant pis
Je prends sans ami tiers
Le verre de l'amitié
Je me noie dans mes vers
Moi-même et ma moitié

J'avais de faux amis
Pour me tromper l'ennui
Et quelques fois l'haïku
Mais je préfère de loin
Utiliser beaucoup
Le bel alexandrin

J'en oublie mes soucis
Je dépense sans souci
Pour rimailler l'amour
Les mots les plus futiles
Comme toujours ou un jour
Sans jouer le subtil

Je compte mes sous si
Ma vie sent le roussi
Je trinque au vers suivant
Entre deux hémistiches
Je trinque moins souvent
Lorsque je m'acrostiche

Je prends un raccourci
Je vise le paradis
Au détour d'une fable
Je compose mes héros
Tous autour d'une table
Pour prendre l'apéro

J'avais besoin d'amis
Je n'en ai plus envie
Je suis un solitaire
Qui poursuit son chemin
Entre deux ou trois vers
Pour combler son destin

Thème n°2

Pensées par écrit

On aime souvent son vers à soi
Surtout si, comme un ver luisant,
Il vous éclaire, se pare de joie,
Ou vous émeut en le lisant

1. L'écriture

Avec ma tête de lecture
Si je parfais mon écriture
L'imparfait sera-t-il futur

Car au présent je fais mes L
Avec des boucles en double axel
Et des accents sur mes voyelles

Si la parole n'est pas écrite
Les mots s'envolent, se décrépitent
Même dans les têtes érudites

La langue française est si parlante
Mais parfois bien ambivalente
Au vu de lettres malveillantes

Avec ma tête de lecture
Je vois d'avance les ratures
Qui sont dans ma littérature

Je sais j'avance à petits pas
Mais pas à pas ne chôme pas
Je trouve ça vraiment sympa

Sans être vraiment sympathique
Car l'écriture poétique
Ne s'efface pas de l'optique

La langue française est très parlante
Et parfois même enrichissante
Quand les pensées sont élégantes

Mais si la parole est proscrite
Les mots s'enchainent et donnent une suite
Aux théories les mieux construites

Et naissent alors les écritures
Laissant à nos progénitures
Une mémoire pour le futur

2. À la pêche aux mots pour mon petit mémo

C'est rarement mes idées qui guident ma plume
Mais souvent les rythmes et les sons des musiques
Les chansons me donnent le ton et la lune
M'envole et me plante au jeu de mots de Monique

Je vais pêcher mes mots dans mes trous de mémoires
Mais ma bande de mots ne bande qu'en démo
Comment pourrais-je faire pour mes phrases les assoir
Au milieu d'une prose et remplir mon mémo

De vers tout doucereux aux revers sirupeux
En vers qui s'entrechoquent en rimes réciproques
Où par d'endiablés spirituels sous spiritueux
Ils me sont susurrés, je crois que je débloque

À la pêche aux bons mots ce n'est que moqueries
Si tout le monde rit lorsque je pêche au gros
Tout le monde applaudit même les moqueurs sourient
Quand le verbe est en bouche tous mes mots sonnent beaux

3. Un texte bien taillé

Un texte bien taillé, une coupe au carré
Avec des mots frisés, aux pointes effilées
Et coiffé d'une queue comme celle d'une comète
La chevelure au vent glissant sur sa silhouette

La césure ponctuée d'un implant dans la strophe
Comme une raie au milieu, l'arrêt qui m'apostrophe
Dans une histoire tissée au premier paragraphe
Pour un héros jouant un rôle qui décoiffe

Mais sans vendre la mèche, l'intrigue est bien huilée
Colorée de nuances, de reflets dégradés
Brossée par de longs vers eux-mêmes tressés de rimes
Leur donnant du volume, balayant les racines

Un texte bien taillé dépeignant notre humour
Mais à un cheveu près sans nous parler d'amour
Le cheveu dans la soupe pour un peu l'épaissir
Un cheveu d'ange, le scoop, juste pour nous grandir

4. Le petit chapeau

À cheval, monté sur le dos des « o »,
L'accent circonflexe est toujours présent
Sur les têtes des « i » et des « u », vents
Et marées les auront bien eus bientôt

A, E, I, O, U sous chapeau
Feront-il ou pas de vieux os ?
Car d'un vague à l'âme d'un coup tôt
Nous tuons à coup de chapeau

À califourchon sur la tête des « i »
L'accent circonflexe à peu près banni
La tête des « i », étant démunie
De son petit chapeau, semble punie

Rodéo sur la tête des « i »
Dit aussitôt, très tôt écrit
« Sur mon ilot », plutôt s'écrit
L' « i » délivré de son képi

À califourchon sur le dos des « o »
L'accent circonflexe s'entend bien sur l' « o »
L' « o » est dit si grave que j'ai froid aux os
L'accent est bien mis et fait le gros dos

Rodéo sur le dos des « o »
Dit aussitôt, très tôt écrit
« Du côtes-du-rhône, s'écrit
L'« o » si haut coiffé d'un chapeau

À califourchon sur le corps des « u »
Désarçonné, bon dieu mais c'est bien sûr
Un petit rappel comme une piqure
« L'homme mûr sur le mur mange une mure mure »

Rodéo sur le corps des « u »
Sur le papier où je l'écris
« Là j'ai buché », c'est sûr s'écrit
L' « u » éludé de sa coiffure

À califourchon sur le dos
Chapeau, chapeau pour faire le beau
A, E, I, O, U rodéo
Do ré mi fa sol la si do

5. Fautes de liaison ou liaisons interdites ?

1^(ère) Partie

Liaisons fatales de cuir

Liaisons dangereuses
Ou liaisons maudites
Amours sulfureuses
D'amants, d'Aphrodite
Liaisons interdites

Puisqu'il lui dit vouloir quitter son adverbe
La locution pas vraiment folle du verbe
Lui fit une proposition bien cinglante
Une liaison <u>mal-t-à-propos</u> très touchante

Elle lui <u>commanda-t-un</u> café prestement
Sortit sa ceinture de cuir de ses passants
Et autant qu'elle <u>l'a-t-été</u> par le passé
Heurta violemment le verbe acidulé

Devant lui, le verbe à l'accent grisonnant
Se conjugua sans <u>retenue-t-au</u> tournant
Que sa tortionnaire lui infligea d'entrée
Afin de le laver de tous ses péchés

Liaisons illégales
Fautes de liaison
Fautes conjugales
Perdre sa raison
Sans bonne raison

2ème Partie

Dans certaines liaisons, ne devrait-on <u>pas-t-en</u> faire tout un pataquès ?

Liaisons incestueuses
D'amours éperdues
Liaisons délictueuses
Jeunesses perdues
Amours défendues

En amours taboues, du pire ou du meilleur
Ce n'est <u>pas-t-à moi</u> de crier au malheur
Quand les uns gentiment s'en vont <u>z'à confesse</u>
D'autres s'en donnent <u>z'à cœur</u> joie d'un con, d'une fesse

Il était <u>très-t-intimidé</u> avec son jonc de pacotille
Le verbe pas vaillant veillant sur ses billes
De ses attributs, <u>gêné-t-il</u> était et
S'évertuait tant bien que <u>mal-t-à</u> les cacher

Lorsque l'animal se laissa prendre au piège
Devenant la proie tremblante sur son siège
<u>Ça la pris</u> du temps mais <u>le verbe z'épris</u>
Devint sujet de sa locution chérie

Liaisons illégales
Fautes de liaison
Où le bien sans mal
Devient un poison
Faute de liaison

3ème Partie

Liaisons de velours

Liaisons pédophiles
D'âmes amoureuses
Idylles en péril
Violences silencieuses
Liaisons scandaleuses

Ils étaient bien <u>trop z'habillés</u> sur le lit
Le complément d'objet direct ravi
Les épiant se déshabiller lentement
Se toucher des yeux irrésistiblement

<u>Bientôt z'aujourd'hui</u>, il les verra s'aimer
Sans penser au mal qui les fait succomber
Les cœurs en couleurs vivent tant de bonheur
Alors comment ne pas tomber dans l'erreur ?

Le mal est partout et s'en <u>va z'en</u>core fou
Pénétrer les âmes et les corps des bijoux
Faut-il verbaliser pour que tout s'arrête ?
Qu'en feront-ils de leur histoire secrète ?

Liaisons illégales
Fautes de liaison
De santé mentale
Raisons de lésions
Qui mènent en prison

4ᵉᵐᵉ Partie et fin

La morale fatale

De cuir, de velours
Ou bien pataquès
Elles seront toujours
D'aucune finesse
Liaisons sans adresse

Si l'un fidèle à lune de l'autre maitresse
Pourquoi <u>vouloir t'en faire</u> tout un pataquès
Quand l'autre <u>fidèle z'à</u> l'un de ses amants
Fuit cette relation si l'un des deux ment ?

Quand les maux de liaison souffrent de raison
Les mots de liaison soufflent la déraison
Pourquoi s'immerger dans la vie tumultueuse
D'une relation hautement dangereuse ?

On a beau s'habiller de <u>cuir z'ou</u> de velours
On ne pourra jamais séduire <u>z'en vautour</u>
Laquelle des deux est la pièce maitresse
Quand le charme est prédateur de joliesse ?

Liaisons illégales
Pour triple raisons
Traitrises conjugales
Incestes sans citron
Pédocrimes maison

Liaisons illégales
Tout droit en prison
Liaisons carcérales
Comme occupation
Et seule évasion

6. Abc…

Lettre A prend place écartant ses jambes
Dans sa volteface fit un croc-en-jambe
Au mot d'à côté, et à un mot près
Au « très » ridicule, enjambant d'un trait
Ce A majuscule aux pattes allongées
Le b minuscule vint donc s'y coller
Pour laisser venir à lui sans complexe
Le c d'Abc pris dans ce con texte

7. La belle ouvrage

J'entorse la poésie d'un métatarse
Afin de prendre mon pied sans comparse
J'entonne un poème sonnant qui détonne
Dépoussiérant les violons de l'automne

Je brique mes pompes des plus belles cires
Je savate l'alexandrin de rire
J'accuse l'haiku, cantate à l'accueil
Le poète fustige en son recueil

Ça en jette dans mon calfouet en cale sèche
C'est bon de prendre son pied têtebêche

8. Mots dits dans un vers trempé

Le vers trempé est bien plus solide
Pour y noyer les idées morbides
De vos paroles pour le moins cassantes
Comme le cristal l'est d'une voix chantante

Trempez dans le vers votre déprime
Libérez-vous d'un poids, chiche, exprime-
Ez vous de votre plus belle plume
Sur du papier recyclé de Lune

Ou sinon le verso d'un courrier
Pour autant qu'il ne soit pimenté
Qu'en rien vous n'en soyez concerné
Et qu'il ne trahisse vos pensées

À défaut, le papier du marchand
Sans vous faire plumer en marchandant
Achetez une rame de pages vierges
Pour y coucher ce qui vous submerge

Puis allongez-vous de votre plume
De l'une à l'autre caressez l'une
Tout en lui narrant vos maux d'amour
Appuyez de vos mots les plus lourds

Touchez l'autre en y mettant du cœur
Une feuille palpite comme une fleur
Elle tremble de peur que sonne l'heure
Mais éclaire lorsqu'on l'habite d'ardeur

Pour finir, encrez-la de vos pieds
Quelques mots d'amour et fusionnez
Mais doucement pour le premier jet
Et juste au bord laissez-la en paix

Et peut-être un jour pas comme les autres
Une personne s'en faisant l'apôtre
Se servira de vos propres vers
Qui brilleront comme ceux de Prévert

9. Mots-valises

« Dans ma valise de mots
Voyagent des mots-valises
Vois donc cette démo
Comme elle démoralise

Ma valise de mots
Que tes maux dévalisent
Est soldée, en promo
Là ma bouche s'ovalise

C'est juste une démo
Mais s'ils se volatilisent
Je jure de tous les mots
Qui te carnavalisent

Et pour calmer tes maux
Plus aucun mot-valise
Un festival de mots
Qui te festivalisent

Mais juste une analyse
Que je garde en mémo
Au fond de ma valise
Pour quitter Port-Grimaud

Et quitter tous tes maux
Sans toi mon Anna-Lise
Pour porter tous mes mots
Dans ma démo-valise »

Que voyage ma démo
Ainsi en mots-valises
Dans ma valise de mots
Et pourvu qu'Anna lise

Mon festival de mots
Comme une vraie analyse
En oubliant ses maux
Que ma plume poétise

10. La richesse des rimes

Qu'elles soient riches ou qu'elles soient pauvres
Les rimes courent sur mon papier
Car c'est l'histoire d'une nuit fauve
Où j'ai aimé prendre mon pied

De rimes riches mais pas payantes
En rimes pauvres mais excitantes
Lesquelles pour payer nos dettes
Emprunterais-tu chère Odette

Des rimes chaudes mais suffisantes
En rimes tièdes mais luxuriantes
Desquelles pour nos chères dettes
Te soulagerais-tu chère Odette

Car notre histoire, cette nuit fauve
Où j'ai aimé prendre mon pied
J'ai rimé pauvre en cet alcôve
Et nous sommes riches à nous aimer

11. Je suis un rimeur de vers

Je suis un rimeur de vers
J'exprime en ACDC
Mes maux sur les sons des mots
Mes vers se boivent en récit

Même si ABBA aussi
S'imprime à l'envers, gémeaux
Mes vers s'emmêlent les pinceaux
Les couleurs sonores s'ennuient

Se dépeignent en rimes plates
Les mots fusent, les vers éclatent
Et ne veulent plus s'embrasser
Ils finissent par s'embraser

Brulant tout l'amour des mots
Pour que l'œil se recueille
Sur des rimes en trompe l'œil
Sans ABBA, j'abats cent mots

Les syllabes se rebellent
Mes pieds s'usent de plus belle
Je cours jusqu'à perdre haleine
Le pont alors nous entraine

Je suis un rimeur de vers
J'exprime en ACDC
Mes maux sur les sons des mots
Mes vers se vident et s'oublient

Je veux briser les mesures
Et viser mieux les mots-sons
Recomposer la césure
Et n'oser que l'émotion

Je mets un pied devant l'autre
De pied en pied l'envie monte
On se trompe, à qui la faute
Si j'ouïs la rime à son conte

Je suis un rimeur de vers
J'exprime en ACDC
Mes maux sur les sons des mots
Mes vers cassent sans souci

12. Ah la vache, quelle culture !

La culture nous prend aux tripes
Elle nous travaille la chair
Comme les microbes de la grippe
Elle nous entaille nos viscères

Elle est de toutes les campagnes
On en fait partout un foin
C'est la folie qui nous gagne
On y gagne parfois un brin

Elle provoque des coups dans l'âme
Mots de Dante en maux de ventre
Elle évoque au cou des femmes
Les sanglots d'hommes qui déchantent

Elle se glisse dans les médias
Comme je glisse dans la boue
Elle inonde la foule d'émoi
Tout le monde en prend un coup

Pour récolter mes pensées
Qui fleuriront mes écrits
Je parsème quelques idées
Que cultivent les esprits

Et je me meus, ah la vache !
Que c'est dure la culture
Je m'émeus de cette tâche
Car j'endure la torture
Ah la vache, quelle culture !

Cette métaphore qui me hante
Sans vouloir causer de tort
Aux doux esprits qui m'enchantent
Elle me soulage la flore
Ça mon colon, ça vaut d'l'or

13. Le vers fourchu

Un vers est fourchu
Quand il rime mâle
Dans l'ode femelle
Pas très bien fichue

14. Je mesure mes paroles

Je pèse le poids de mes paroles
Lourdes de sens comme des casseroles
Et des conneries j'en dis des tonnes
Je pèse mes mots mais je déconne

J'écris des phrases comme ça en masse
C'est juste pour que le temps passe
J'en balance sur la mesure
À hauteur de ma démesure

Même si je ne fais pas le poids
Ouais au kilo j'en fais des tas
Je dois quand même lâcher du lest
Ou mes mots seront indigestes

Quand c'est plus lourd que des haltères
Il faut que je me désaltère
Ou c'est la surcharge mentale
Et mon cerveau devient bancal

Alors je fuis dans l'inconscience
Pour finir dans la bienveillance
Je deviens plus léger que l'air
Et mes mots finissent par vous plaire

Mes vers manquent-ils d'épaisseur
Combien de livres faut-il Sir
Pour y caler ma boulimie ?
Combien de titres bien écrits ?

De combien de grammes d'état d'âme
Dois-je combler ces messieurs dames ?
De mélodrame en mélodie
En chaque femme nait une Lady

Et nous messieurs dans notre histoire
Le cœur moins lourd de désespoir
Autour de nous l'amour gravite
Et notre pesanteur l'invite

Alors je mesure mes paroles
Et vous les buvez sans alcool
Les mots ne saoulent que s'ils sont lourds
Ou bien si longs pour faire la cour
Sauf s'ils sont dits avec amour

15. Je hurle

À mes mots manque la parole
Pour exprimer mes sentiments
J'use parfois de paraboles
Pour persuader les médisants

Je fustige tous les symboles
Qui divisent les pauvres gens
Puisqu'ils ne sont que des écoles
Pour abrutir les plus croyants

Je hurle mais personne ne m'entend
Captif dans un monde vivant
Comment confier mes sentiments
À tous ces gens dans leur élan

Fermer les yeux une fois de plus
Fermer ma gueule devant témoins
Aurais-je plu ou bien déplu
Qui peut le plus, peut le moins

16. La course à pieds

Mes vers trépignent tous en rythme
Les mesures du temps changent tant
Les arpions lézardent émérites
Ils chantent les couleurs du temps

Je rime sans me fouler le pied
D'une patte folle je t'épate
Avec mes petits petons et
Mes nougats tenant sur leur pâte

Je saute à pieds joints dans un vers
Je saute à clochepied sur les mots
En petite foulée de travers
Hélas je vais pianissimo

Lorsque je sèche sur une ligne
Je vais pêcher de mon âme son
Dans les eaux troubles et malignes
Des poèmes et des chansons

Dans quel vers puiser le bon gout
Quand les rimes rament enrhumées
Sans en bouche avoir l'arrière gout
De l'amertume sur son passé

La course se termine alors
Allant pas lent de vive allure
Au pas de course termine à tort
Fin de la course lit tes ratures

À la virgule près je souligne
Les points sur les i c'est certain
Qu'il suffirait seulement d'un signe
Le point final arrive à point

17. Quel pied !

Tantôt pantoufle au pied d'un vers à pieds
Les pieds palmés comme un canard
Sans me fouler c'est le panard
Je prends mon pied dans un beau verre à pied

Comme un queutard

Tantôt pantoufle auprès d'un autre vers
Mes pieds lui bottent son train en gare
Mes pieds le bottent sans crier gare
Je suis pénard et prends un autre verre

Comme un conard

18. Goute mes idées

À chaque verre de rosé au pamplemousse
Débordent mes idées trop arrosées
Mes vers coulent, je sens bien que mes vers moussent
Jusqu'à l'apparition de la rosée
De cette nuit d'audace sans eau douce

Sur le bord du rivage déposées
Où les vagues de Pampelonne les poussent
Les effacent, elles viennent se reposer
Au bord de tes lèvres qu'elles éclaboussent
Afin que tu puisses les savourer

Goutte à goutte, tu goutes mes idées
Goutte à goutte, tu me dis « Bonne idée »

19. Parler avec ses pieds

J'écris comme mes pieds
Parfois si maladroits
Tous mes petits papiers
Finissent au même endroit
À la corbeille
Mais lorsque je dis ces mots
Alors mes vers sonnent beaux

Parler avec ses pieds
De rime en rime parler d'amour
Des mots si bien chantés
Donnent de la joie aux troubadours
Et aux amoureux

Parler avec mes mains
De caresses en désir
Traverser au matin
Les ondes du plaisir
À ton réveil

Rejouer avec mon cœur
D'amour la maladie
Le virus du bonheur
Gagne toute la vie
Et tes merveilles
Lorsque je te dis ces mots
Les mots qu'il faut sonnent beaux

Je parle comme mes pieds
Parfois si maladroits
Mais là c'est le pied
Quand je lis à l'endroit
Si bien Corneille

Je me crois le poète
Je n'ai plus de bobos
Je sens mon cœur en fête
Et te chante mes mots
À toi ma belle
Que frisonne ta peau
Puisque mes mots sonnent beaux

20. Prose café

Je prends ma prose café
Pour te dire que j'en ai
Marre du vilain canard
Qui fond pour un p'tit noir

Au Moulin Rouge passée
Là, tu m'as dit m'aimer
Comme on croque la vie
Toi mon grain de folie

Comme un grain de café
Que l'on croque torréfié
Comme le croquemort la vie
La croque à la folie

Toi mon grain de beauté
Moulu servi moulé
À la petite cuillère
Dans une pause rocking-chair

Un caoua et une pipe
Du tabac pour ton type
Rien qu'une petite bouffée
Afin de t'enfumer

Donne tes petits croissants
Vois ce qu'a fait mère-grand
Pas du jus de chaussette
Tiré au casse-noisette

Prends une bonne gorgée
Facile à digérer
Pousse-café mousse eh
Banane moud le café

Pour tremper mon biscuit
Sans me tromper de nid
Et gouter aux saveurs
Arômes du bonheur

Le père collation
D'une magique potion
Viendra te faire la joie
De t'offrir son liégeois

Amertume infusée
Dans un instantané
Si tu aimes ce liquide
Sois sans filtre et limpide

Déguste la liqueur
Dis-moi si ça t'écœure
C'est la crème de la crème
Dis-moi donc que tu l'aimes

21. Pour toi

Comment prendre son pied dans un vers ordinaire
Si l'on se perd pas à pas dans un vers à soi
Comment faire de bons mots quand les mots laids sont rois
Des pieds beaux qui de surcroit poussent de travers

Je compte sur mes pieds pour me mener à toi
Je compte sur mes pieds pour te servir un vers
Afin de te rincer de tout ton univers
Qui absorbe tes pensées et ta soif de moi

Mais comment t'enivrer de mes vers ordinaires
Si tu n'entends pas les lire, si tu fuis ma voix
Vois ce que tu ressens quand je parle de toi
Quand ton cœur te fredonne une pluie singulière

22. De maux bleus en mots roses

Tes mots bleus sont trop verts
T'es marron pour pécho
La vie en rose en vers
Dans ton cœur d'artichaut
Te laisse un gout amer

Tes mots bleus sonnent faux
Tes vers « colèrent » ton corps
De maux bleus sur ta peau
En jaune se colorent
De fleurs à fleur de peau

Tu vois rouge dans le noir
T'en bois toutes les douleurs
Ta matière grise le soir
T'envoie toutes ses couleurs
Regarde dans ton miroir

Tu ris jaune mais t'es vert
Vert de rage comme l'orage
Tu te noies dans un verre
Tes vers tournent la page
De tes yeux rouges pervers

Que reviennent les mots bleus
Pour écrire d'autres pages
Et les vivre encore mieux
Aux rives des naufrages
Livre côté fleur bleue

Sois grisé par la vie
Positive les choses
Gomme les négatives
Prose ta vie en rose
Compose en couleurs vives

23. Une page à tourner

C'est une page déchirante
Sur une nuit violente
Une page du passé
Qu'on voudrait déchirer

Une feuille de papier
Facile à gribouiller
Fragile en son écorce
Mais son style fait sa force

C'est une page à tourner
De souvenirs glacés
De vertiges, de tourments
Que l'on protège du temps

Pour ne pas oublier
Pour nous remémorer
Afin que l'avenir
Ne cesse de nous unir

Ne cesse de nous construire
Du meilleur sans le pire
Avec de la passion
Des rires et des chansons

Que l'homme repenti
Y puise sans modestie
Ses mots d'estime ici
Pour préserver la vie

24. Sans espoir

Devise d'idées sages
Divise tous les mages
Dérivent les mirages
Dans le gris du grimage

Les rimes de mon grimoire
S'arriment en miroir
Sur la page écritoire
Reflétant mon histoire

Des rires sans visages
Dépeignant des images
Augurent de bons présages
En leur rendant hommage

Les rimes de mon grimoire
S'expriment au miroir
Au grenier mes tiroirs
Se vident je suis ignare

J'enrage, mon cas ravage
Mon ouvrage fait naufrage
Je manque d'éclairage
Mes pompes de cirage

Les rimes de mon grimoire
Répriment mon miroir
Sur la mire de l'espoir
Où je te t'admire le soir

Tu vises et dévisages
De rives en rivages
Divisée t'envisages
Me virer au virage

Les rimes de mon grimoire
Dépriment mon miroir
Ton « Au revoir » un soir
Me laisse sans espoir

25. Lexies sadiques

Je prends des mots du dictionnaire
Mis bout-à-bout, ils forment des vers
Je les conjugue au temps qui passe
Les rimes s'enchainent et s'enlacent

De rimes plates en rimes adroites
Elles se baladent de gauche à droite
Et se balancent dans une danse
Une ballade sur la cadence

Je croise une rime au pied levé
Mais pauvre et même pas léonine
Elle va nue la vanupied
Pour aller sonner sa cousine

La belle riche revêche oblongue
Qui hypnotise tout le monde
Pleine d'artifices aux mèches longues
Qui poétise comme elle inonde

Mes rimes sont si féminines
Qu'elles rimaillent d'une voix jolie
Petites coquines et polies
Quand elles s'embrassent se taquinent

Elles s'embrassent et les gens jasent
La vanupied donne à la riche
Un baiser sur ses belles miches
Devant ce tableau je m'embrase

Et je m'en fiche qu'elles s'enfichent
Un i sans e et hue le trot
Et au galop même s'il le faut
J'aime trop le galop m'aguiche

C'est excitant d'être aguiché
Mais chauffer à guichet fermé
Quelqu'un pris dans un priapisme
C'est quand même jouir du sadisme

26. Personne pour tirer ma crampe

Quand j'ai une crampe, c'est le pied
Mais sur trois pieds, comment marcher
On me surnomme l'estropié
Parce qu'elle ne me fait queue boiter

Mais c'est le pied, le mât debout
Sur ma béquille, je peux marcher
Courir les rimes de bout en bout
Clopinclopant sur chaque pied

Suivant le rythme un peu pervers
Du son des battements de tambours
Je cours debout de vers en vers
Clopinclopant mais le pas lourd

Une syllabe aux pattes folles
Pointe ses beaux petits souliers
Puis le jour vient où elle s'envole
Me plantant sur la pointe des pieds

Un coup de pied arrêté
Pour laisser passer la rime
Un coup de point. Terminé !
Tout s'arrête, c'est un crime

Mon pied bot dansant sans sabot
Enjambe alors le vers suivant
Faisant de son pied le plus beau
Des claquettes en chantant :

Je n'irai point à la ligne
Tout s'arrête, c'est la fin
Pour mettre les mots en ligne
Pour mettre les choses au point

Plus de chapeau sur mon ile
Juste un peu de plomb dans l'aile
Qu'elle ne s'envole de mon ile
Pour que je reste auprès d'elle

Je n'irai pas, je n'irai point
Si je m'en fous ? Mais point du tout
Je nierai tout, à brule-pourpoint
Un point partout, un point c'est tout

27. Métaphore bien

Je me suis fait tirer par une étoile
Un rayon d'arc-en-ciel pleine figure
Jusque là aveuglé, portant le voile
Présumant que le ciel me défigure
Mais ce multicolore me transfigure

Et ma figure de style a de la gueule
Puisque imagée se met à fort briller
Comme une étoile filante en parabole
Qui se met à se métamorphoser
Sur notre sphère terrestre dévoilée

Lorsque l'on me demande si ça va
Je réponds aux personnes que ça va
Que ça va plutôt bien et plus que ça
Que ça métaphore bien et au-delà

28. Jour de lessive

Je cacherai mes rêves
Clairsemés d'idées noires
Et le temps d'une trêve
Blanchirai ma mémoire

Je doucherai mes vers
Des blessures du temps
Essuyant les revers
Des mots dits dans l'instant

Je nettoierai mes maux
De mes perles de pluie
Purifiant le mélo
Dit dans mes mélodies

J'étendrai mon linge sale
Dans des pamphlets plus sobres
En y battant le mal
Pour dégorger l'opprobre

J'essangerai si fort
Que mes tournures de style
Essorées de leurs torts
Pâliront l'inutile

J'aspirerai tourments
Violence et malveillance
Dépoussiérant les ans
Balayant l'insouciance

Asséchant les torrents
Au lit de l'ignorance
Pour y coucher mourant
À la lie du silence

À la lisière du bruit
Le cri de mes souffrances
Dans un vers où le fruit
Des sons sont des fréquences

J'épongerai la soif
Des costumes du mal
Dont se parent les affres
Pour dandiner au bal

Je laverai mes pieds
Délaverai mes bleus
De mes fautes à expier
Et les panserai mieux

Enfin libre et rincé
De toute cette fange
Je pourrai bien brosser
Mon envie de revanche

Je gouterai la vie
En écoutant mon cœur
J'égoutterai le bruit
Coulant de mon bonheur

À mouiller ma chemise
Repassant mes idées
Arrosant les plus grises
Des roses de l'amitié

Et les blanches pensées
Des roses de l'amour
Parfumant mes étés
De bons mots pour toujours

29. Paroles sans voix

Si je prenais ma plume pour jouer de mes mots
Qui laisseraient sans voix les ignares et les sots,
Qui jouerait une voix de tête sur mes maux de cœur
Pour donner l'envie de fête et chanter en chœur ?

Je joue la voie du cœur sans me prendre la tête.
Je joue la joie sans peur de me prendre une défaite.
Mes paroles restant sans voix cent fois sans fête,
Qui jouerait mes maux de cœur sur une voix de tête ?

J'entends les sons et j'apprends les chansons par cœur,
Mais mes mots de tête sont de simples maux de cœur.
Je chante ces mots en chœur avec mes voix en tête
Pour qu'elles passent des heures à panser mes maux bêtes.

Paroles sans voix
Ou voix sans paroles,
Qui te donne la voie
De changer la donne,
Change tant la voie
De chants sans paroles
Que de gens sans voix
Qui laissent la parole.

Pour donner l'envie de fête sans chanter rancœur,
Et déjouer les moqueries de tous ces mots cœurs,
Joueras-tu mes maux de cœur sur un air de fête
Ou tairas-tu mes mots l'air de rien et l'air bête ?

Pour calmer l'ardeur des gens qui chantent à tue-tête,
Je clame mes maux de cœur des mots qui m'entêtent.
Lorsque mes mots cris sur les maux de la moquerie,
Faudrait-il que j'en pleure, faudrait-il que gens rient ?

Pour déjouer les moqueurs de chants appris par cœur,
Je dénoue les maux du cœur des rires moqueurs.
Je rends place aux mots cœurs en plaçant les plus chouettes.
De cette joute, vainqueur, je m'élève en vedette.

30. Dialogues

Mes dialogues sont à peu près pleins d'à-propos
À propos de sujets pleins d'à-peu-près sans faux
Je suis l'auteur jonglant avec des rimes plates
J'emboite les lettres bien avant qu'elles ne boitent

Je mesure le pas qui rythme ma balade
J'évolue suivant le rythme d'une ballade
Les pieds cheminent vers le vers d'une pointure
En talons de talent. Ho ! Mais quelle pointure !

Je tisse mes strophes comme l'on tisse une étoffe
Je détricote mes mots, les retricote à neuf
Si l'on me dit qu'ils filent un mauvais coton
En vers lents, l'argot c'est narco, et c'est coton

31. Poésie

Écouter le temps disputer les heures
Lire sous la pluie tant qu'elle sème la vie
Ressentir le doux parfum de son cœur
Reprendre gout au plaisir de l'envie

Oser poser sa poésie
Sur une belle mélodie
Laisser passer le temps d'un soir
Afin de camper son histoire

Relire sous la pluie en sens interdit
Sans battement de cils, sans nausées au cœur
Le jour, la nuit, en mille et une vies
Les instants fragiles fuyant le bonheur

Oser clamer ses vers en slam
À toutes les pommes, tous les quidams
Au son de ses cordes vocales
Sans une portée musicale

Être acclamé par ses admirateurs
Pendus aux lèvres d'un filet de voix
Ces adeptes de jeux de maux de cœur
Émus qu'une langue de chat aboie

Oser crier au cri du loup
S'il ne se prend pas pour Garou
Osez braves gens, dites-le plus fort
« J'en veux encore, encore, encore »

32. Discourir

Je ne mâche pas mes mots
Car si je mastique, c'est chaud
Ça brule et les lettres fondent
Si bien que les e fécondent

J'avale voyelles et consonnes
Tout rond ce que l'on me donne
Et sans faire d'indigestion
Le verbe est sans concession

J'ai la langue bien pendue
Mais les accents sont tendus
Au fil de la discussion
Qui s'agite par pulsions

Le discours assaisonné
Ne manque pas d'âpreté
J'harangue et la foule écoute
Je clame quoi qu'il m'en coute

Les bons mots dits dans l'urgence
Sont bien maudits quand j'y pense
Je ravale mes paroles
Au bon gout de rock and roll

33. Slameur amateur

Quand t'es d'sortie le soir au bar
Tu te la joues « en scène la star »
Tu t'la racontes pas mal en slam
T'es du genre un peu mytho man

Tu t'la pètes, en fait, c'est fête
Dans ton calbute, en rut, t'es chouette
C'est ton trip, ton truc, sans fric
Sous ton zip, ton truc, ça trique

Derrière le mic, tes pics, c'est cool
La bière te nique, addict, tu coules
Tu t'prends une claque, le bide en vrac
Puis tu t'échappes dans ton cloaque

C'n'est pas des paroles en l'air
C'est sans musique pour nous plaire
Tu es un artiste en herbe
Quand tu parles de ta superbe
En slameur amateur

Puis tu reviens gonflé à bloc
Avec des slams plus glams en stock
Tu flippes, t'as peur du flop, hip hop
T'exprimes tes rimes, t'enchaines, c'est top

C'est sur un rap, d'une frappe éclair
Tu te rattrapes à la caisse claire
Tu glisses un vice ou deux sensuels
Les cuisses de miss à deux cents belles

Tu vises l'artiste, pas triste, en joie
Tu dis qu't'existes, t'insistes, c'est toi
Tu pries le jour, la nuit, sans foi
Cent fois tu bois, c'est l'mal de soi

C'n'est pas des paroles en l'air
C'est sans musique pour nous plaire
Tu es un artiste en herbe
Quand tu parles de ta superbe
En slameur amateur

Tous tes déboires se noient de larmes
Tu n'peux plus boire, tu vois le drame
T'as bu cent fois, c'est déjà ça
Que tu regrettes, ce mal de foie

Sous la clameur tu pleures, tu meurs
Sous la chaleur des maitres slameurs
Le slam t'acclame, c'n'est pas du spam
Ta flamme entame le cœur des dames

C'n'est pas des paroles en l'air
C'est sans musique pour nous plaire
Tu es un artiste en herbe
Quand tu parles de ta superbe
En slameur amateur

34. N'oublie pas mes paroles

Mes paroles dans ta bouche
Mais parole, tu me touches !
Même pas un mot en l'air
J'ai la peau poule de chair

J'ai les poils, visage pâle
C'est un rêve musical
Je suis bluffé sans dec
Tu m'as cloué le bec

N'oublie pas mes paroles
Que ta voix les envole
Sur un flow que j'adore
Et move sur le dance floor

Quelques vers de romance
Que ton cœur les balance
Quelques rimes sans déprime
Qu'on exprime pour la frime

Une petite décadanse
Au gré de la mouvance
Ou en flash back party
Si Jane est d'la partie

N'oublie pas mes paroles
Qu'elles affolent les guiboles
Les Zikos sont dans l'air
Les Zikettes n'manquent pas d'air

Et les intermittents
Yes, go back tout le temps
Ils dansent parfois par terre
Sur des zicmus d'enfer

Mes paroles dans ta bouche
Mais parole, rien de louche
N'oublie pas les paroles
Maestro, gagne le pactole !

N'oublie pas mes paroles
Que ta voix les envole
Sur un flow que j'adore
Et move sur le dance floor

35. Qui joue avec moi

J'imprime mes rêves sur du papier
Mon imprimante les sublime
Les feuilles tombent puis s'abiment
Mes rêves sont éparpillés
À qui peut profiter le crime ?

Qui joue avec moi ?
Qui se joue de moi ?

Que la farce est grande
Mais ne grandit pas
Les mots pas à pas
Perdent pied, s'enjambent

Qui joue avec moi ?
Qui se joue de moi ?

Rêves éparpillés au sol
De lettres les feuilles sont grises
C'est l'âge de pousser ma crise
Je rime de plus en plus seul
Sur le gâteau plus de cerises

36. No rêves sans rêveries

Un caoua et tout s'en va
Every rêveries
Sur mon divan ma diva
S'en va lorsque Eve rit
Plus de diva, plus de rêveries

Et Eve rit
À dents pleines
Quand Eve sourit
De mes rêveries
Every rêveries
S'envolent ainsi
Mes rêveries parties
Eve s'envole aussi
Car c'est fini

Le caoua, pas fait pour moi
Car sans mes rêveries
Tout s'en va, oui tout s'en va
Ma diva, mes rêveries
Que l'on me laisse à mes rêveries

Thème n°3

« La musique est un cri qui vient de l'intérieur »

Bernard Lavilliers

Comme un bruit de caisse claire

Qui rythme l'ordinaire

La musique coule en nous

Comme coule la rivière

Pour calmer nos remous

Apaiser nos colères

Et inonder nos vies

Notre imagination

D'un torrent plein d'envies

Sur un flot de chansons

Jouant sans interdits

Nos rêves, nos folies

Nos rêves, rêveries

1. La bande son de ma vie

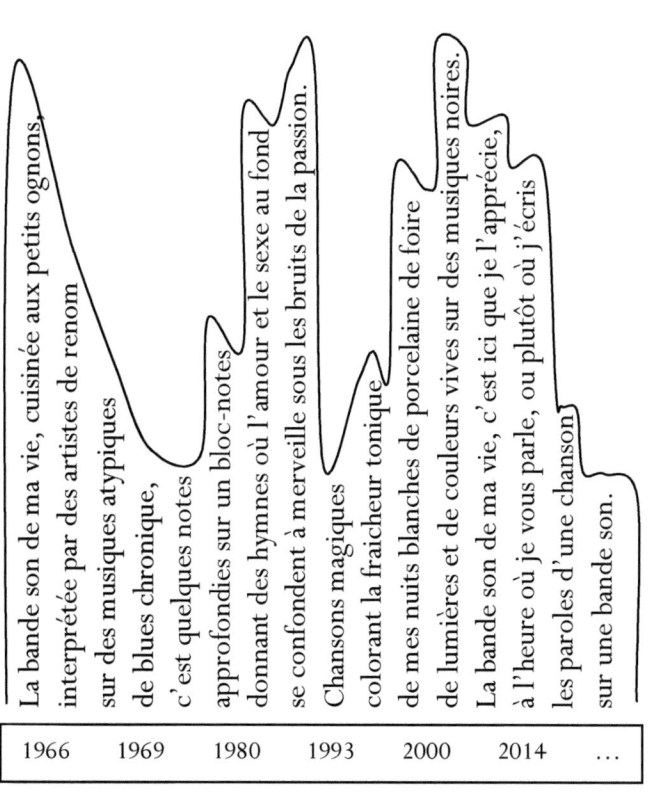

2. Le secret des instruments à vent

On a sorti au frais
Les instruments à vent
Qui jouaient bien mieux après
Les mélodies d'avant
Que le vent recouvrait
D'un manteau de printemps

Et moi je découvrais
Ces mélodies d'antan
Pour de beau, pour de vrai
Les oiseaux nous chantant
L'hymne de la forêt
De leur bec sifflotant

Un air qui inspirait
Au gré de tous les temps
À l'orée des marais
En valsant sur l'étang
Le vent qui efflorait
La mémoire du vivant

Marquant un temps d'arrêt
Tellement c'est émouvant
Le son nous libérait
Du carcan éprouvant
De garder le secret
Des instruments à vent

3. Sans anicroche

Une croche enjambe une blanche
Quelle cloche de jouer sur la manche
Dérivent deux noires sous silence
Au rythme des notes se balancent

Quand le roulis déroule ses plis
Et que le tangage s'ensuit
Les fausses notes sont de concert
Silence se moove au dessert

La croche loge dans mes arpèges
Un croc-en-jambe pour le piège
Je la déloge d'une double-croche
Et la musique est dans ma poche

Et les deux noires au diapason
Reprennent leur jeu de liaison
La clé de sol ouvre la porte
Et leur demande qu'elles sortent

La dominante en demi-ton
Sur une gamme de partition
En contretemps du sextolet
En sus-tonique fait un tollé

Mais le point d'orgue les regarde
Et les deux noires n'y prennent pas garde
Vicieux comme une demi-ronde
Il se délecte dans la ronde

Soudain le tempo métronome
D'un maitre mot sonne la bonne
La bonne note lui chuchote
Qu'il peut délivrer Don Quichotte

Et à ces mots en un clin d'œil
Je vais aussi pour ce recueil
Délivrer d'une pulsation
Les belles noires de leurs pulsions

Car Annie sonne et je décroche
Je me sens de plus en plus proche
Les nuits passent sans anicroche
Si la musique est dans ma poche

4. Les violons scellent les passions

Tu me frottes, tu me frappes
Tu me pinces, tu me grattes
Car t'en pinces pour moi
Jusqu'au bout de tes doigts

Et si tu me chatouilles
Et que tes joues se mouillent
T'useras de ton voile
Sur tes cordes vocales

Pour me chanter tes maux
À mes ouïes trémolos
Pour que vibrent mes cordes
Que nos âmes s'accordent

Ainsi de ton archet
Tu pourras te lâcher
Nous laissant de nos pleurs
Nous pénétrer le cœur

5. Ce petit morceau de musique

Aspirer à changer les choses
Changer les gens pour de bonnes causes
Changer le monde pas toujours rose
Malgré les portes souvent closes

Sachez chasser à pas chassés
Mais sans chasser vos idéaux
Laissez l'passé vous dépasser
Faites ce que vous faites de plus beau

Ce petit morceau de musique
Ce petit air mélancolique
Nous rappelle combien la vie
Fragile parfois nous démunit
De nos pensées les plus logiques

C'est une chanson, sombre douleur
De lourds péchés, de haut-le-cœur
Que l'on ressasse selon l'humeur
Quand on défroisse les malheurs

Sachez chasser à pas chassés
Mais sans chasser vos idéaux
Laissez l'passé vous dépasser
Faites ce que vous faites de plus beau

Ce petit morceau de musique
Ce petit air mélancolique
Nous rappelle combien la vie
Fragile parfois nous démunit
De nos pensées les plus logiques

Changez le monde pas toujours rose
Malgré les portes souvent closes
N'aspirez plus, changez les choses
Changez les gens pour de bonnes causes

Ce petit morceau de musique
Ce petit air mélancolique
Nous rappelle combien la vie
Fragile parfois nous démunit
De nos pensées les plus logiques

Ce petit morceau de musique
Ce petit air mélancolique
Nous fout les tripes en charpie
Nous remue le corps et l'esprit
Trouvons en nous la logique
Pour une belle mécanique

6. Des accords mineurs

La tristesse du blues
Sur fond de souvenirs
À nos vies nous ventouse
Nous lie si l'on peut dire

Comme l'élixir d'amour
Que l'on prend de bon cœur
Abreuve de bravoure
Tous les guerriers vainqueurs

Sur des accords mineurs
Nos âmes se disloquent
Sous les rumeurs majeures
Des notes qui s'entrechoquent

Mais nous restons mineurs
Dans nos têtes rêveuses
Lorsque la bonne humeur
Nous pénètre vicieuse

Rien n'efface la candeur
De l'image finale
D'un visage rieur
Sauf une pluie fatale

Lorsque les amoureux
Se gâchent de disputes
Le chemin mystérieux
Des âmes se discute

La vie vide de sens
Dans une mélodie
S'écrie tant l'impuissance
Résonne au fond du lit

En désaccord mineur
Nos âmes se disloquent
Mais les rumeurs se meurent
Quand sonne l'électrochoc

Quand libérés nos cœurs
Par une flèche éclair
Rayonnent de bonheur
Lorsque l'amour geyser

7. Du blues, du blues, du blues

Je slow' en solo
Le flow va vau-l'eau
The show must go on
Dans le saxophone
Moi je vais down, down, down

Le blues s'installe
Le flouze me trimbale
Dans des bars immondes
Où des tas de blondes
Plongent dans mes nuits sombres

Du blues, du blues, du blues
Lorsque la nuit m'épouse
Du blues, du blues, du blues
J'veux qu'on me laisse dans l'noir
Face à mes idées noires
Noires, noires

Je slow' en solo
Le flow va vau-l'eau
Quand derrière ma poire
J'entends qu'on se marre
Que l'on fait la foire

Je quitte mon zinc
Je suis comme un dingue
J'voulais être tranquille
Puis j'tombe sur cette fille
Et là je vacille

Mais elle me ranime
Fini ma déprime
J'lui rends son baiser
Elle, toute émoustillée
Voudrait m'épouser

Le blues, le blues, le blues
Il est parti le blues
Je veux bien qu'elle m'épouse
Partager notre histoire
D'amour sans mes cauchemars
Marre, marre

À présent c'est chaud
Je sauve ma peau
Je slow' en duo
Le flow vaut de l'or
Dans ses cheveux d'or

« Encore mon trésor
Slowe-moi encore
Je t'adore »

8. Cette musique

Elle m'excite les méninges
Me fait vivre dans du beau linge
Elle chatouille mes instincts
Mon passé le plus lointain

Elle suscite mes bons mots
Et réveille mes idéaux
Elle m'agite comme un shaker
Comme « Les moulins de mon cœur »

Elle me prend la tête et les tripes
Elle me bouleverse et là je flippe
Quand je l'écoute à la radio
Et qu'elle se la joue en solo
Je souhaiterais dans un clip
La voir danser sur un strip
Cette musique

C'est dans un riff de guitare
Que j'suis tombé fou un soir
Fou d'elle, oh mais si fou d'elle
J'veux encore qu'elle m'ensorcelle

Qu'elle m'accroche de ses notes
De ses croches super hots
Qu'elle m'endoctrine de bonheur
Et que mouline mon cœur

Elle me prend la tête et les tripes
Elle me bouleverse et là je flippe
Quand je l'écoute à la radio
Et qu'elle se la joue en solo
Je souhaiterais dans un clip
La voir danser sur un strip
Cette musique

Elle m'excite les méninges
Me fait vivre dans du beau linge
Elle chatouille mes instincts
Mon passé le plus lointain

Elle suscite mes bons mots
Et réveille mes idéaux
Elle m'agite comme un shakeur
Comme « Les moulins de mon cœur »

Elle me prend la tête et les tripes
Elle me bouleverse et là je flippe
Quand je l'écoute à la radio
Et qu'elle se la joue en solo
Je souhaiterais dans un clip
La voir danser sur un strip
Cette musique

Cette musique c'est ma vie
Carpe diem, j'la vis ainsi

9. Sur mon piano de bois

C'est du bout de ma langue
Que je dis ces mots doux
Pour que tu les entendes
Je les écris partout

Cette musique pour toi
S'est glissée cette nuit
Sur la peau de mes doigts
Quand je tuais l'ennui
Sur mon piano de bois

Sur mon piano de bois
J'ai joué ces notes d'émoi
Gravé ces mots dans l'bois
Pour te dire que je t'aime
Et que je n'aime que toi
Cette chanson est pour toi

Tu ne t'en souviens pas
J'l'ai chantée au mois d'aout
Un peu partout je crois
J'l'ai criée comme un fou

Ton cœur était de bois
C'est pas vrai quand j'y pense
Toutes ces p'tites notes de moi
Aujourd'hui tu les danses
Sur mon piano de bois

Sur mon piano de bois
J'ai joué ces notes d'émoi
Gravé ces mots dans l'bois
Pour te dire que je t'aime
Et que je n'aime que toi
Cette chanson est pour toi

Les notes sous mes doigts
Volent à présent piano
Sur mon piano de bois
D'un air pianissimo

Ton cœur n'est plus de bois
C'est pas vrai quand j'y pense
Toutes ces p'tites notes de moi
Aujourd'hui tu les danses
Sur mon piano de bois

Sur mon piano de bois
J'ai joué ces notes d'émoi
Gravé ces mots dans l'bois
Pour te dire que je t'aime
Et que je n'aime que toi
Cette chanson est pour toi

Quand j'y pense, c'est une chance

10. J'veux que ça swingue

L'pianiste blue note sur son clavier
De jolies notes bien orchestrées
Moi je dénote par mes refrains
Que je connote par des mots fins
Quand lui pianote et joue sans fin
Aïe, I cannot sur mes quatrains
Les quelques notes gribouillées
Je les grignote de quelques pieds

J'veux plus de blues,
J'veux que ça swingue
J'veux que ça crous-
tille que ça ding-
Dingue dong partouze
Je veux des mots qui claquent
The rythme of the night
Des mots qui frappent
Sous les sunlights
J'veux plus de blues
J'veux que ça swingue
J'veux que ça crous-
tille que ça ding-
Dingue dong partouze
J'veux sonner ding
J'veux sonner dong
Ding dingue dong partouze

Alors je dois l'dire j'en ai marre
Et j'aimerais lâcher les amarres
M'enfouir ainsi dans mes pensées
M'enfuir mais me vient une idée
Qu'une plume dans l'cul de l'encrier
Glisse de sa pointe bien mouillée
Trempe et détrempe sur le buvard
Et d'un mouvement s'agite le dard

J'veux plus de blues,
J'veux que ça swingue
J'veux que ça crous-
tille que ça ding-
Dingue dong partouze
Je veux des mots qui claquent
The rythme of the night
Des mots qui frappent
Sous les sunlights
J'veux plus de blues
J'veux que ça swingue
J'veux que ça crous-
tille que ça ding-
Dingue dong partouze
J'veux sonner ding
J'veux sonner dong
Ding dingue dong partouze

Tant qu'mon cerveau est en fusion
Les mots infusent à profusion
Puis de ma bouche les paroles fusent
J'les couche sur l'papier, j'les diffuse

L'papier noircit car j'en abuse
Il se craquelle et puis s'use
Parfois ça gicle c'est l'effusion
J'perds mon latin, la confusion

J'veux plus de blues,
J'veux que ça swingue
J'veux que ça crous-
tille que ça ding-
Dingue dong partouze

La la la la la…

11. Quand la musique passe

Crochepied à ma note
Quand ma croche accroche
La pause because
Pour l'ami Bémol
Son dos est trop dur

Pour l'ami Fado
La famille Rédo
Si l'ami l'a mise
L'adorée seule as
L'adorée se lasse

Alors la famille
Si seule dort hélas
Quand la musique passe
Sous la portée basse
Les notes se prélassent

12. La clé des chants

L'adorée clé de fa me planta le décor
Puisqu'elle se mit à dos pour moi la clé de sol
En dansant sur mes pieds, sans marcher sur mon cor
Ça commençait à puer, mes pieds se sentirent seuls

J'ai dû remplir mes vers d'amour et de tendresse
Qu'elle les boive d'un trait, en tombe à la renverse
Sur le sofa, seule fa caressa nuit d'ivresse
Soulagée sous la joie, par les mots qui transpercent

Alors la clé de fa se remit à chanter
Éblouit nos lanternes et le sol solitaire
Enfin la clé des chants pour nous faire vibrer
Dans une symphonie devint la clé mystère

Thème n°4

Allez chantez, chantez mes chansons

*Comme une chanson douce pour écrire notre histoire
En essuyant les vers des revers de la gloire
Pour entendre nos âmes la raconter en cœur
Pour entendre les chœurs fredonner le bonheur*

1. La chanson c'est la joie, c'est la vie, c'est l'amour

Sais-tu qu'avec ton tissu vocal
Tu pourrais couvrir Paris d'un voile
Du Champs de Mars aux Champs Élysées
Que l'on entende ta voix étoffée
Partout en France, dans le monde entier

Pour chanter du rock d'une voix rauque
Je fume comme un pompier un peu glauque
Crois-tu qu'avec ma voix éraillée
Je puisse sur ma voie dérailler
Et les mots dans ma bouche s'enrayer

La chanson c'est la joie, c'est la vie, c'est l'amour
Elle se fredonne en ville, se clame dans les faubourgs
Pénètre notre alcôve de jour comme de nuit
Et puis se met à nu même dans notre lit

Quand le son des grattes gratte le ciel
À cent-mille watts, adieu le ciel
Alors les paroles retombent sur terre
Mais sur un ton sans en avoir l'air
Free, volent comme des paroles en l'air

Comme un cri nous déchirant le cœur
Nous hérissant le poil comme la peur
La musique au diapason résonne
Qu'elle nous chavire ou nous empoisonne
Elle libère ceux que l'on emprisonne

2. Tu connais la chanson

Une pincée de sottises
Mal gratinées font un four
Et l'cucu te colle aux cerises
Quand caquette la basse-cour

Mais l'caractère bien trempé
Dans une sauce assaisonnée
Pique d'un ton courroucé
Une histoire aseptisée

Tu connais la chanson
C'est toujours le refrain
Qui fait la chanson
Je raconte des histoires
Saupoudrées d'humour noir
Sans les secouer trop vite
Sinon les mots s'agitent
Tu connais la chanson
Mais c'est aussi la gloire
Qui fait la rançon

Faut pas s'raconter d'salades
La poésie dans l'histoire
C'est une histoire de malade
Regarde-moi dans mon rimoir

Je suis Maitre queux d'un soir
Je ne fais que mettre que
Maitre queux mais dans le noir
Et sans me mordre la queue

Tu connais la chanson
C'est toujours le refrain
Qui fait la chanson
Je raconte des histoires
Saupoudrées d'humour noir
Sans les secouer trop vite
Sinon les mots s'agitent
Tu connais la chanson
Mais c'est aussi la gloire
Qui fait la rançon

Je cuisine de belles andouilles
Des asperges, des aubergines
Avec mon cœur d'artichouille
J'emballe les fans de tajine

Je tambouille, elles bouillent de rire
La banane entre les mains
Je les couvre de désir
Si bien qu'elles sont cuites à point

Bien sûr, j'en fais tout un plat
Il ne reste qu'à servir
J'y mets mon grain d'sel parfois
Et j'y prends bien du plaisir

Tu connais la chanson
C'est toujours le refrain
Qui fait la chanson
Je raconte des histoires
Saupoudrées d'humour noir
Sans les secouer trop vite
Sinon les mots s'agitent
Tu connais la chanson
Mais c'est aussi la gloire
Qui fait la rançon

3. C'est une chanson

Elle se noie dans une rivière de diamants
Elle boit tout l'univers de son amant
J'emprunte ses pas pour suivre à la trace
L'empreinte de ses pieds laissée sur place

Elle me mène sur la piste fragile
D'une chanson triste mais indélébile
Gravée sur du vinyle depuis des ans
Gravée dans les mémoires tout autant

C'est une chanson
Où les rivières coulent
Pas sous le menton
C'est une chanson
À pleurer des rivières
Mais pas de diamants
C'est une chanson
Où rivières s'écoulent
Sous le joug d'un amant
Sur la joue d'une enfant
Plus très enfant

Elle se noie mais se noie-t-elle vraiment
Car tout laisse à croire qu'elle se défend
J'emprunte ses pas pour suivre à la trace
L'empreinte de ses pieds laissée sur place

Et ce que j'en perçois est réaliste
Elle est portée d'un air « je-m'en-foutiste »
Pour cacher sa fragilité humaine
Je l'sais pour l'avoir vécue par moi-même

C'est une chanson…

4. Belle chanson

C'est certain qu'elle m'a dit « je t'aime »
Au travers d'une belle chanson
Évidemment quelle chanson
Une chanson d'amour quand même

Un peu avant de prononcer
Ce joli mot à mon égard
Elle avait croisé mon regard
Puis je l'ai entendue chanter

Je t'aime, je t'aime, je t'aime, je t'aime
Mon cœur rythmant à l'unisson
Des chœurs portant cette chanson
Alors reviennent dans ma mémoire
Mes souvenirs et tous les sons

Pour moi c'était hier je crois
Mais les années sont bien passées
Sans que je n'ai pu l'oublier
Quand j'y pense je la revois

Elle était si belle, moi si con
Puisque j'en étais amoureux
Et que je n'ai rien fait de mieux
Que de lui dire « belle chanson »

Je t'aime, je t'aime, je t'aime, je t'aime
Mon cœur rythmant à l'unisson
Des chœurs portant cette chanson
Encore aujourd'hui le refrain
Revient comme écho à son nom

5. Une chanson d'amoureux

Sur quelle chanson, rappelez-vous
Êtes-vous tombés amoureux
Sur quelle chanson, dites-moi
Avez-vous pour la première fois
Donné ou volé un baiser

La plus belle pelle que j'ai roulée
C'est à la plus belle du lycée
Je m'en souviens dans ma mémoire
C'était au bal du samedi soir

Sur un slow langoureux
Une chanson des Poétics
Une chanson d'amoureux
Que c'était romantique

Elle a mis le feu dans ma tête
A-t-elle vu l'incendie naissant
Avant de jeter l'allumette
Adolescent incandescent

Mon Dieu, mais que c'est indécent
Car on le sait, queue c'est bête
Petit polisson redescends
Ou tu vas t'choper la grosse tête

C'était un slow langoureux
Une chanson des Poétics
Une chanson d'amoureux
Que c'était romantique

C'est une belle, belle chanson
Belle comme mon amoureuse
C'est un beau texte sur du son
Qui émoustille les plus bêcheuses

6. C'est du blues

C'est la lose, j'ai le blues
J'fais des vers qui n'riment pas
Que je chante sur des notes
Qui sont fausses archi fausses

J'prends une pause, j'pose mon cul
Sur l'trône où j'coule un bronze
C'est d'la prose à l'eau d'rose
Mais ça n'sent pas la rose

J'ai la lose du bluesman
Ça me pompe tout mon jus
J'ai la lose du bluesman
Quand je ne chante plus
J'ai la lose, c'est du blues
J'ai la lose, c'est du blues

J'sais plus combien j'ai d'pieds
Fatigué, je le suis
Quand on me fait marcher
J'ai le cerveau en vrac

La chansonnette tu vois
Mon p'tit gars, mon p'tit gars
Comme le disait Gainsbourg
Non, ça ne s'apprend pas

C'est mineur, c'est mineur
Moi j'suis majeur tu vois
Apprenez-moi alors
Pourquoi ci, pourquoi ça

J'comprends pas, j'comprends pas
Mes paroles je les chante
Mais sans faire une rime
Quand je les chante pour toi

Alors danse pour moi
Oh puis chante avec moi
Vois comme ça rime là
Là ça rythme tes pas

J'ai la lose du bluesman
Ça me pompe tout mon jus
J'ai la lose du bluesman
Quand je ne chante plus
J'ai la lose, c'est du blues
J'ai la lose, c'est du blues

Mais comme je chante encore
Me reviennent mes accords
Même si t'es pas d'accord
Je veux chanter encore

Est-c'que t'en veux encore
Est-c'que t'en veux encore
Encore, encore, encore

Alors danse pour moi
Oh puis chante avec moi
Vois comme ça rime là
Là ça rythme tes pas

J'ai la lose du bluesman
Ça me pompe tout mon jus
J'ai la lose du bluesman
Quand je ne chante plus
J'ai la lose, c'est du blues
J'ai la lose, c'est du blues

Est-c'que t'en veux encore
Est-c'que t'en veux encore
Encore, encore, encore

Alors danse pour moi
Oh puis chante avec moi
Vois comme ça rime là
Là ça rythme tes pas

J'ai la lose du bluesman
Ça me pompe tout mon jus
J'ai la lose du bluesman
Quand je ne chante plus
J'ai la lose, c'est du blues
J'ai la lose, c'est du blues

Alors je chante encore
Ou je ne chante plus ?

Thème n°5

Le chanteur enchanté

Vers quelle voie dois-je m'orienter

Avec ma voix sur la portée

La tonifier pour la porter

Et de bulles vous enchanter

1. Chanteur

J'entre dans vos vies moi, moi le chanteur
En vous soignant de mots vos maux de cœur
Mais n'est-ce pas la belle vie, chanteur
Mais n'est-ce pas ça le bonheur

Et même si vous y versez quelques pleurs
L'amour infini l'emporte haut les cœurs
N'est-il pas bon de tout remettre en question
Lorsque l'amour perd à tort sa raison
Pour une âme éperdue d'amour perdu
En quête de bonheur

Je t'aime
Tu m'aimes
On s'aime

Mais à quoi bon en faire une scène
Quand même, quand même
Quand même les gens qui vous aiment
Sauront vous dire que la joie vienne

Je t'aime
Tu m'aimes
On s'aime

Mais à quoi bon en faire une scène
Puisque l'on s'aime, on s'aime d'amour
Mais à quoi bon en faire une scène
Puisque l'on sème, on sème l'amour

De tous mes maux je chante, je chante
Comme Lenorman je chante, je chante
Et tous les mots s'assemblent et ressemblent
À tous ces gestes qui nous rassemblent

Et si mes mots soignent vos blessures
Qu'ils vous évitent certaines brulures
Alors laissez entrer dans votre cœur
La musique et les mots mais pas la peur
Pour votre âme éperdue d'amour perdu
En quête de bonheur

Je t'aime
Tu m'aimes
On s'aime

Mais à quoi bon en faire une scène
Quand même, quand même
Quand même les gens qui vous aiment
Sauront vous dire que la joie vienne

Je t'aime
Tu m'aimes
On s'aime

2. Alors tu chantes

Boire un café « salé »
Sur les Champs Élysées
Boire la tasse chez Maxim's
Et noyer la victime
Dans un « marc de cafard »
Le chagrin d'un soir

Chanter quand vient l'été
Histoire de prendre son pied
Sous la céleste voute
La mélodie envoute
Si la musique est bonne
Bonne est la personne

Alors tu chantes
Ohé, oh ! Ohé oooooooo
Et puis tu danses
Et toutes les nuits ça recommence
Alors tu chantes
Ohé, oh ! Ohé oooooooo
T'en veux encore
Et là t'oublies tous tes « pas d'chance »
Alors tu chantes
Ohé, oh ! Ohé oooooooo
T'en veux toujours
Lorsque tu rythmes tes pas d'danse
Oh oui tu chantes
Et ça t'enchante

Salées seront les joues
Salies d'un mauvais coup
Sucrées, salées, poivrées
Assez assaisonnées
Comme un gout de dégout
Coulant sur la joue

Chanter avant l'hiver
La cigale se libère
Le chant du rossignol
Fait vibrer puis console
Que la musique est bonne
Jouée comme Personne

Alors tu chantes
Ohé, oh ! Ohé oooooooo
Et puis tu danses
Et toutes les nuits ça recommence
Alors tu chantes
Ohé, oh ! Ohé oooooooo
T'en veux encore
Et là t'oublies tous tes « pas d'chance »
Alors tu chantes
Ohé, oh ! Ohé oooooooo
T'en veux toujours
Lorsque tu rythmes tes pas d'danse
Oh oui tu chantes
Et ça t'enchante

Boire les paroles sucrées
D'un refrain endiablé
Boire tous les déboires
Ressusciter un soir
S'échapper des nuages
Détourner les pages

Alors tu chantes
Ohé, oh ! Ohé oooooooo
Et puis tu danses
Et toutes les nuits ça recommence
Alors tu chantes
Ohé, oh ! Ohé oooooooo
T'en veux encore
Et là t'oublies tous tes « pas d'chance »
Alors tu chantes
Ohé, oh ! Ohé oooooooo
T'en veux toujours
Lorsque tu rythmes tes pas d'danse
Oh oui tu chantes
Et ça t'enchante

3. Chanter

Chanter, chanter
Je ne fais que
Chanter, chanter
Dans les concerts je ne fais que
Chanter, chanter
Pour oublier qu'elle m'a quitté
Chanter, chanter
Je ne fais que
Chanter, chanter

Mais si un soir pas comme les autres
Une rousse chevelure m'explose
La tête et bien, bien d'autres choses
Alors je pourrais bien si j'ose
Faire autre chose que

Chanter, chanter
Je dois tout faire pour l'oublier
Défaire les fers de mes pensées
Chanter, chanter
Je ne fais que
Chanter, chanter
Quand vient la nuit je ne fais que
Chanter, chanter
Car la journée je trime à en crever, à en crever

Alors si ce soir sur la scène
Une somptueuse rousse pause
Y a-t-il quelqu'un qui s'oppose
À ce que je me déshabille
Et à ce que je fasse autre chose que

Chanter, chanter
Et que je fasse tout pour l'oublier
Mettre des ailes à mes pensées
Chanter, chanter
Je ne fais que
Chanter, chanter
Quand je flashe black je ne fais que
Chanter, chanter
Tous les flashbacks pour m'illuminer, sans l'oublier

Chanter, chanter
Je dois tout faire pour l'oublier
Mettre des voiles à mes idées
Chanter, chanter
Et voir les plus blacks s'envoler

4. Le croquenote

Le croquenote puisqu'il a faim
Mange les notes des partoches
Ne tenant pas jusqu'à la fin
Car le concert n'est pas fastoche

Il s'endort sur son violoncelle
La tête vide comme sa panse
Au détour d'une ritournelle
Où sur la piste personne ne danse

Afin de faire twister son ventre
Il tweete aisément son sang d'encre
Et pour booster un peu sa vie
Il poste selon ses envies

La musique est son sacerdoce
Le violoncelle est son ami
Il sait bien sûr pourquoi il bosse
Pour faire quelques économies

Et pouvoir passer son permis
S'acheter une caisse écolo
Tout en faisant des compromis
Chanter sur la scène en solo

Afin de faire twister son ventre
Il tweete aisément son sang d'encre
Et pour booster un peu sa vie
Il poste selon ses envies

Au point-virgule c'est sympathique
Pour énoncer tous ses travers
D'une façon allégorique
Il peut y changer d'univers

Au point final c'est bien fini
Et pour dormir le ventre plein
Après un crouton sans la mie
Le croquenote mange son poing

Il garde l'autre pour demain
Aujourd'hui il en a marre
Il dit qu'il verra bien demain
Carpe diem et puis point barre !

5. Le vol d'un néophyte

Tu pensais en faire un tabac
Mais tu n'as donc rien dans l'cigare
Ça fume là-haut, j'le crois pas, quoi
Tu poursuivais le rêve d'Icare ?

T'envoler sur les ondes magiques
Afin d'en tirer toute la gloire
T'as voulu percer dans la zic
Tes tympans sont percés faut croire

Écoute les trémolos d'ta voix
Vas-y mollo, voire très mollo
Ne va pas te casser la voix
Pour te la péter en solo

Tu planes, planes, sur la cadence
Les notes de la portée
N'sont pas à ta portée
T'as perdu la séquence
Écoute-toi chanter !
T'as les oreilles bouchées ?
Tu planes, planes, sur la fréquence
De l'air qu'un oiseau siffle
Vois comme on te persifle !
T'as perdu la cadence
Le rythme de la danse
Dans l'air te fait flotter

J'entends les trémolos d'une viole
Lorsque tu passes en voix de tête
Puis à voir ta gueule de traviole
Quand tu gueules à tue-tête c'est bête

Le chant s'apprend comme le piano
Tu pourrais faire un p'tit effort
Tout doucement, piano, piano
Avant de faire fuir les ténors

Tu planes, planes, sur la cadence
Les notes de la portée
N'sont pas à ta portée
T'as perdu la séquence
Écoute-toi chanter !
T'as les oreilles bouchées ?
Tu planes, planes, sur la fréquence
De l'air qu'un oiseau siffle
Vois comme on te persifle !
T'as perdu la cadence
Le rythme de la danse
Dans l'air te fait flotter

Moi, j'me suis fait tout seul sans phare
J'ai grandi sans connaitre l'art
Ni la manière de me parfaire
Tout seul j'ai trouvé comment faire

Mais si t'as besoin d'un vrai coach
Je pourrais te montrer les bases
Je pourrais t'apprendre la french touch
Pour te produire un peu moins nase

6. Dense jusqu'à rire

Une chanson sans aucuns pleurs c'est comme une musique sampler
Elle ressasse les mêmes choses sans y mettre tout son cœur
Comme cette musique sans chœurs ne jouant que pour les danseurs
S'acharnant en rythme afin d'oublier leurs maux de cœur

Mais on ne vient pas en club pour entendre du classique
Ni même pour écouter des paroles au fond tragique
Ou tout au plus quelques slows lascifs pour avoir la trique
Promettre à sa cavalière une nuit lubrique, magique

Je suis devenu noir à passer mes nuits blanches
Dans ces clubs où les femmes se dandinent des hanches
Où certaines savent être des fauves inéluctables
Quand d'autres indubitablement imbittables
Aimeraient bien mais ignorent comment tenir le manche

Baigné de bonheur dégoulinant lacrymal
Séchant mes maux salés par des joies capitales
Scellant mon métronome aux battements d'autres âmes
Me berçant d'illusions dans des rêves sans charmes
Je fourmille de tendresse sous des sourires affables

Thème n°6

« […] Eh bien! dansez maintenant. »

Jean de La Fontaine

La musique est tendance
Vois comment les gens dansent
Rythme tes pas de danse
Danse sur leur cadence

1. Danse des mots

C'est une danse, danse
Une danse des mots
Où les mots sont si denses
Qu'ils dansent une démo

Une musique légère
Pour tournoyer les phrases
Autour de notre Terre
Virevolter d'extase

D'un pas allégorique
Juste un pied devant l'autre
Sur la lune hypnotique
Géant comme l'astronaute

Ou bien près des étoiles
Tourbillonner autour
Pour découvrir leur voile
En frôlant leurs contours

Juste des mots magiques
Pour rêver l'impossible
Une danse symphonique
Pour dire tout est possible

2. Danser la pop chez les yéyés

J'voudrais une machine infernale
Mais une machine pas trop banale
Je voudrais remonter le temps
Savoir si c'était mieux avant

J'irais me rhabiller yé yé
Me rhabiller chez les yéyés
Pour aller danser yé yé yé
Danser la pop chez les yéyés

J'voudrais savoir comment les gens
Pouvaient bien se sentir vivants
Quand la vie parfois si cruelle
Venait les booster d'irréel

J'aimerais comprendre pourquoi d'antan
C'était bien mieux que maintenant
Comment avec une bannière
« Peace and love » ils se sentaient fiers

J'irais me rhabiller yé yé
Me rhabiller chez les yéyés
Pour aller danser yé yé yé
Danser la pop chez les yéyés

J'voudrais connaitre tout du temps
Et pas seulement le beau temps
C'est pourquoi j'voudrais une machine
Qui me transporte loin des vitrines

Pour y croiser dans mes voyages
L'homme et ses multiples visages
Et là-bas, si belle est la vie
Alors j'reviendrais plus ici

J'irais me rhabiller yé yé
Me rhabiller chez les yéyés
Pour aller danser yé yé yé
Danser la pop chez les yéyés

Et si c'est vraiment mieux qu'on l'dit
Alors j'reviendrais plus ici
Je laisserais mon vieux passé
Le « No future » trépasser

3. Le twist

La danse où tu t'sèches le dos avec une serviette
Tout en écrasant ton mégot de cigarette
Tu balances tes hanches de gauche à droite, c'est chouette
De droite à gauche tu balances ton boule, ça en jette

C'était dans les années soixante
Et pas dans les années septante
Il n'y avait pas les Sex Pistols
C'était l'bon temps du Rock & Roll

C'était dans les années soixante
Celles où la danse se réinvente
On dansait tout seul, comme ils disent
C'était super dans les sixties

Twist à St Tropez
C'est pas kitsch sur la piste à St Tropez
Je me crispe, c'est pas triste à St Tropez
Twist à St Tropez
Sur la piste c'est l'ambiance de St Tropez
Et je danse et je twiste à St Tropez
À St Tropez, à St Tropez, à St Tropez

Biche oh ma biche, moi je m'émoustille
Quand je vois twister tout' ces filles
Biche oh ma biche, moi j'les imagine
S'tortiller sur c'que t'imagine

Mais depuis que je twiste le blues (Chœurs : que tu twistes le blues)
Il n'se passe plus rien sous ta blouse (Chœurs : rien sous sa blouse)
Puis à force de twister ma peine (Chœurs : twister ta peine)
Dans mon slip ce n'est plus la même (Chœurs : alors rengaine)
Oh, si tu penses à moi, si tu t'languis de moi, oh remets-moi

C'était dans les années soixante
Et pas dans les années septante
Il n'y avait pas les Sex Pistols
C'était l'bon temps du Rock & Roll

C'était dans les années soixante
Celles où la danse se réinvente
On dansait tout seul, comme ils disent
C'était super dans les sixties

Mais depuis on ne balance plus ses hanches
On balance son boule du samedi au dimanche
Sur du gros son trempé des clubs d'outre-manche
On ne connait même plus qui on emmanche

Tu sais dans les années soixante
Je n'parle pas des années septante
On dansait tout seul, comme ils disent
C'était super dans les sixties

4. Rock 'n' roll

Ton grain d'beauté est dans ta voix
Quel grain de folie tu envoies
Tu rauques le folk en loup Garou
Tu « soul » en sol, en « mi-bémou »

Ton timbre est posté dans ta voix
Quel timbré tu fais quand j'te vois
Tu « croones » ta vie en f'sant ton « Schmoll »
Tu saoules Popaul à mi-bémol

Allez change un peu de musique
Rejoue-nous donc un autre disque
Montre-nous que le rock existe
Et puis rejoins-nous sur la piste

Ça sent le bon vieux rock and roll
Hey, je suis fan de mes idoles
Avec eux, j'me sens moins seul
Viens donc danser le rock and roll

Tu n'mets pas assez de passion
Dans ton cocktail fruit d'la passion
Tu n'sais pas leur dire sans paroles
Que tu aimes vraiment leurs guibolles

Tu manques d'imagination
Écris-leur sans pagination
Compose un rôle à la hauteur
Qui comblera leurs maux de cœur

[Petit pont musical]

Ton grain d'beauté est dans ta voix
Quel grain de folie tu envoies
Mais laisse tomber tes vieux solos
Rejoins-nous donc en stéréo

Allez change un peu de musique
Rejoue-nous donc un autre disque
Montre-nous que le rock existe
Et puis rejoins-nous sur la piste

Ça sent le bon vieux rock and roll
Hey, je suis fan de mes idoles
Avec eux, j'me sens moins seul
Viens donc danser le rock and roll

5. Dansons le rock 'n' roll

Sur un air de musique
Je danse acrobatique
Je fais des cabrioles
Sur une musique folle
Je danse le rock & roll

Attends l'clap dans mon clip
Petite frape sans ses fripes
Arrête le flip and flap
Si tu flippes je t'attrape

La chorée est d'enfer
Les pas s'enchainent par terre
Viens mais sans tes flip-flops
Tu verras c'est tip top
Le rockabilly s'enterre
Dansons le rock & roll

Attends l'clap dans mon clip
Petite frape sans ses fripes
Arrête le flip and flap
Si tu flippes je t'attrape

6. Un rock 'n' rôle

C'est un rôle pour toi
Un rôle pour le combat
Tu dois vaincre ta peur
Et tu chiperas son cœur

Les filles d'aujourd'hui
N'ont aucun interdit
Elles n'aiment pas les losers
Elles veulent aimer des heures

Un rock'n'rôle
Juste rock'n'drôle
Car en amour
Faut de l'humour
Pour avoir le beau rôle

Le rock'n'roll
Elles en sont folles
Comme une caresse
Sur leur faiblesse
Et elles décollent

Mais cette fille tu sais
Si vraiment tu lui plais
Non, ce n'est pas gagné
Faut savoir assurer

Si t'es pas dans son trip
Et qu'elle te prend en grippe
La maladie d'amour
Te gagnera toujours

Un rock'n'rôle
Juste rock'n'drôle
Car en amour
Faut de l'humour
Pour avoir le beau rôle

Le rock'n'roll
Elles en sont folles
Comme une caresse
Sur leur faiblesse
Et elles décollent

Au fond, t'as le beau rôle
Si tu es rock'n'roll
Un soupçon de tendresse
De l'humour, des caresses

Un petit peu de chance
Pour que son cœur balance
Sans oublier les fleurs
Au parfum de bonheur

[Petit pont]

Un petit peu de chance
Pour que son cœur balance
Sans oublier les fleurs
Au parfum de bonheur

Puis quelques vers de toi
Elle fondra dans tes bras
Sur une belle mélodie
Elle tombera dans ton lit

Un rock'n'rôle
Juste rock'n'drôle
Car en amour
Faut de l'humour
Pour avoir le beau rôle

Le rock'n'roll
Elles en sont folles
Comme une caresse
Sur leur faiblesse
Et elles décollent

Thème n°7

Quand la fin sonne le glas

Quand le pied d'un vers fait du pied au vers suivant
C'est comme le ver de terre parlant au ver luisant
S'il communique c'est pour être mieux éclairé
Afin que tout le monde puisse prendre son pied
Rassuré de ne plus le perdre au vers suivant

1. Silence

Avec lui ma liberté est assurée
Afin de protéger mon intimité
Sans être violé intempestivement
Du vacarme effarant des chuchotements

Je fuis les villes, le brouhaha des moteurs
Pour cueillir la campagne, attendrir mes heures
Je laisse fondre mon cœur au tintement de l'eau
Aux pleurs de mon saule, au chahut des oiseaux

Ouïr le silence des papillons en bataille
Que fourmillent cigales et vient la pagaille
Poussant les oiseaux au loin dans les nuages
Une tempête aux portes des marécages

Quand souffle l'hiver sur le bout de mon nez
La tempête guide ma tête vers mes pieds
Et emplit de couleurs mes mots de bonne heure
Pour entourer les cœurs d'un tendre bonheur

Les flocons de neige tombés toute la nuit
Font comme un champ de coton sur ma prairie
Quand l'aube se lève et que l'homme se couche
La lumière endort quelques idées farouches

Quelle vue sur cette blancheur éternelle
Cet épais manteau de velours d'où ruissèle
La tendresse d'une femme sur le parcours
Des pensées folles d'un homme fou d'amour

Si je me terre c'est pour mieux taire les bruits sourds
Les courants d'airs des braves gens tout autour
Et danser dans les airs avec les oiseaux
Dans un chahut phénoménal pour le beau

J'irai dormir où les rivières se couchent
Où l'on n'entend plus les abimes des bouches
J'irai mourir où l'on n'ira pas chercher
Le silence dont je me suis affligé

Le silence est d'or. Alors silence et dors !

2. Pour me comprendre

J'ai bien rangé mes mots dans mes poèmes pour te les envoyer
J'ai caché le verbe assez acidulé aux pieds du sujet
Où mes rimes s'enchainent en écartant les vers pour s'embrasser
Tu trouveras mon style glacé sous l'adjectif sorti d'un jet
Si tu souhaites le chercher à travers mes émojis déplacés

Tu pourras me répondre à l'adresse des cieux si Dieu le veut
Sinon tu sais chez qui j'irai bruler, alors pas de courrier
Même pas un vers, ou bien juste un whisky pour me sentir mieux
Car je crains que la soif me dure pour l'éther, ni thé, ni santé
Mais sainteté de l'au-delà s'en verse et sang versera d'un pieu

Cependant, ne soit pas trop affecté par ma disparition
Les lettres continueront de courir, sauter entre les mots
Les voyelles de changer les consonnes puisque les temps changent les tons
Les accents d'apprivoiser les langues comme se glisser sur l'Ô
Et les vers de s'entrechoquer afin d'honorer mes chansons

Goodbye, à bientôt, mais prends quand même le temps de rire, de chanter
La passion chevillée au corps, accroche-toi encore et encore
Ultime ressort, rebondis loin de moi pour ne pas t'enfermer
Dans l'univers incandescent, ce n'est pas décent le sang mort
Le travail paye un jour, ma devise qui vaut de l'or au toucher

Dire que j'ai mis tant de temps à le comprendre, pour me comprendre

Quand nos sens ont du sens, la décence en est l'essence

« […] Les parfums, les couleurs et les sons se répondent. […] »
disait Charles Baudelaire et dans son sens j'abonde,

Comme quand Jean-Louis Aubert du groupe Téléphone
disait dans sa chanson « New York avec toi » :
« […] Les flaques de peintures sur les murs ont parfois
La couleur des sons que tu bois […] »

J'ajouterai ceci…

Les effluves prononcées troublent et confondent
En quelques touches, et nous flattent et nous inondent
De caresses subtiles excitant nos sens
Nous laissant entrevoir un sixième sens

Le petit bonus

Les villes du cadavre exquis

Dans la ville d'Omerville, Ô merveille !
Les gens dorment, dorment sur leurs deux feuilles
Dans la ville d'Ormes, c'est sans pareil
Les gendarmes d'Ormes, dorment d'un œil

Dans la ville d'Arles, c'est Arlequin
Il passe et repasse, avec sa bouteille
Dans la ville d'Occey, oh c'est pas commun
Les bouteilles sont vides, Arlequin sommeille

À vous de continuer d'écrire la prochaine strophe de ce cadavre exquis avec d'autres noms de villes et dans le même style, et de le publier libre de droit comme je le fais, tout en citant les personnes l'ayant partagé. Une seule strophe par personne. À publier dans votre recueil ou dans une revue de poésie. Et pourquoi pas jusqu'à en faire un livre et de reverser les droits à une association ? Chiche ! Celui qui arrive à la millième strophe publie le recueil. Ce qui devrait faire environ 170 pages.

Merci de laisser ces instructions à la fin de votre ajout de strophe (sauf pour le recueil final, cela va de soi).

Table des matières

L'écrivain parolier 17
1. Mes chers 21
2. Auteur à mes heures perdues... 23
3. Mon portrait 25
4. Rêveur forever.. 27
5. Rêve d'égo 28
6. Enfermé dehors 29
7. Baobulle.. 31
8. D'états d'âme 32
9. Suer des pieds.. 33
10. Avec mon ventre à la Prévert 34
11. Au Montparnasse 36
12. Sans ami 38

Pensées par écrit 41
1. L'écriture 45
2. À la pêche aux mots pour mon petit mémo 47
3. Un texte bien taillé 48
4. Le petit chapeau 49
5. Fautes de liaison ou liaisons interdites ? 51
6. Abc.. 56
7. La belle ouvrage... 57
8. Mots dits dans un vers trempé... 58
9. Mots-valises 60
10. La richesse des rimes... 62

11.	Je suis un rimeur de vers	63
12.	Ah la vache, quelle culture !	65
13.	Le vers fourchu	67
14.	Je mesure mes paroles	68
15.	Je hurle	70
16.	La course à pieds	71
17.	Quel pied !	73
18.	Goute mes idées	74
19.	Parler avec ses pieds	75
20.	Prose café	77
21.	Pour toi	79
22.	De maux bleus en mots roses	80
23.	Une page à tourner	82
24.	Sans espoir	83
25.	Lexies sadiques	85
26.	Personne pour tirer ma crampe	87
27.	Métaphore bien	89
28.	Jour de lessive	90
29.	Paroles sans voix	93
30.	Dialogues	95
31.	Poésie	96
32.	Discourir	97
33.	Slameur amateur	98
34.	N'oublie pas mes paroles	100
35.	Qui joue avec moi	102
36.	No rêves sans rêveries	103

La musique est un cri qui vient de l'intérieur 105
1. La bande son de ma vie 109
2. Le secret des instruments à vent 110
3. Sans anicroche 111
4. Les violons scellent les passions 113
5. Ce petit morceau de musique 114
6. Des accords mineurs 116
7. Du blues, du blues, du blues 118
8. Cette musique 120
9. Sur mon piano de bois 122
10. J'veux que ça swingue 124
11. Quand la musique passe 127
12. La clé des chants 128

Allez chantez, chantez mes chansons 129
1. La chanson c'est la joie, c'est la vie, c'est l'amour 133
2. Tu connais la chanson 134
3. C'est une chanson 137
4. Belle chanson 139
5. Une chanson d'amoureux 141
6. C'est du blues 143

Le chanteur enchanté 147
1. Chanteur 151
2. Alors tu chantes 153
3. Chanter 156
4. Le croquenote 158
5. Le vol d'un néophyte 160
6. Dense jusqu'à rire 162

Eh bien, dansez maintenant..163
1. Danse des mots 167
2. Danser la pop chez les yéyés 168
3. Le twist 170
4. Rock 'n' roll 172
5. Dansons le rock 'n' roll 174
6. Un rock 'n' rôle 175

Quand la fin sonne le glas..179
1. Silence 183
2. Pour me comprendre 185

Quand nos sens ont du sens, la décence en est l'essence.................... 187

Les villes du cadavre exquis 189

Remerciements

Je remercie Anne-France Badaoui pour toute l'aide qu'elle m'a apportée sur ce projet et notamment la couverture, la 4ème de couverture et la préface.

Je remercie le jour de me prêter ses heures à passer du bon temps sans me lasser pour autant.
Je remercie mes nuits blanches pour mes sombres souvenirs venus d'outre-tombe, m'ayant servi à noircir mes pages blanches afin d'éclaircir mes songes.

Je vous remercie de continuer à croire en ma réussite.
Je vous remercie pour le bouche-à-oreille qui aide à me faire connaitre. N'hésitez pas à en parler autour de vous encore et encore.

Vous pouvez me joindre à cette adresse : Jean-Mi-Aube@hotmail.fr.
Je serai ravi de répondre à vos questions. Vous pouvez aussi donner votre avis sur le site où vous l'avez acheté ou à votre libraire.

Du même auteur

Série Mary, recueils de poésies romantiques (De juin à septembre 2021) :

- Mary tome 1 : 50 Ça te tente
- Mary tome 2 : 51 Dans l'eau
- Mary tome 3 : Un entredeux entre deux âges

Voyage Interplanétaire Érotico-Poétique (Octobre 2021)

L'écolo alcoolo au DrugStar (Novembre 2021)